W0218003

Courgettes, je vous aime… de 83 façons !

04340 Méolans-Revel

ISBN 2-911328-06-X

Béatrice Vigot-Lagandré

Courgettes, je vous aime… de 83 façons !

Illustrations de Colette Lagandré

Sommaire

Mise en bouche

Arpentant les allées de votre librairie, vous tombez inopinément sur C*ourgettes, je vous aime*... Vous semblez dubitatif, sceptique, rebuté : “ Quoi ? Un livre entier consacré aux courgettes ? ”
Vous estimez que la courgette n’est qu’un vulgaire légume fade, voire fadasse, à réserver aux régimes minceur pour *top model* anorexique ?
Eh bien, j’ose affirmer le contraire, et vous convaincre qu’elles valent bien un livre de cuisine à elles seules !
Ce légume se révèle exquis si l’on y accorde un peu d’attention et d’imagination. Excellente pour la santé, pleine de vitamines, de minéraux et de fibres, la courgette est de surcroît économique, simple à cuisiner et disponible en toutes saisons.
J’espère donc, par ces quelques recettes, vous convaincre, vous séduire, vous initier aux vertus de ce légume... et – qui sait ? – peut-être créerons-nous un jour la “ Confrérie des amateurs de courgettes ” ! !

Un peu d’histoire

Mais d’abord, d’où vient ce légume-fruit de la grande famille des cucurbitacées désormais universellement connu ?
N’entrons pas dans une querelle d’historiens ! Certains affirment que la courgette est née en Italie, d’autres qu’elle est native d’Amérique du Sud où elle est consommée depuis des millénaires ; une chose est sûre, ce n’est que dans les an-

nées 1920 qu'elle fit son entrée dans l'alimentation des Français, avant de migrer vers l'Europe du Nord...
Elle a désormais conquis le monde entier... sous des appellations plus originales les unes que les autres : *zucchini* en Italie ou en Allemagne, *souchette* en provençal, etc.

Comment les choisir ?

Les courgettes se présentent sous diverses formes et couleurs, du vert vif au vert foncé en passant par le jaune ; les plus courantes sont longues, vertes.
Choisissez-les petites (elles renferment moins de graines), lisses, fermes et de couleur uniforme.
La courgette ronde de Nice, moins courante sur les marchés, se prête parfaitement aux préparations farcies.
Quant à la courgette-fleur (dont la fleur elle-même est jaune orange), la plus délicate... vous ne la dénicherez que sur les marchés du Sud-Est de la France.

Quelques conseils

Les courgettes se conservent environ cinq jours au réfrigérateur, emballées dans un sac ; ensuite, elles deviennent molles et perdent leur saveur.
La congélation ne pose aucun problème ; il suffit de découper les courgettes en rondelles, de les faire blanchir quelques minutes avant de les laisser refroidir et de les placer au congélateur.
Courrez sur vos marchés de juin à septembre ! L'été est en effet la pleine saison des courgettes, même si on la trouve désormais toute l'année.
L'Italie et la France se placent parmi les premiers producteurs européens.
Coupées en rondelles, râpées, évidées, découpées en tronçons, taillées en julienne... crues ou cuites, les courgettes se prêtent à toutes les découpes.
On trouve même aujourd'hui des couteaux spécialement

étudiés (ressemblant à s'y méprendre à un vide-pomme) pour les évider.
Inutile de les peler si vous les choisissez jeunes et petites : il suffit de couper les extrémités, au besoin d'ôter les parties abîmées ou de les gratter, et de bien les laver à l'eau fraîche avant de les cuisiner.

Et la santé ?

Sans vouloir empiéter sur les plates-bandes des nutritionnistes et diététiciens, j'ose affirmer que la courgette mérite le label du légume idéal !
Riche en fibres, en vitamines et en oligoéléments, la courgette présente des qualités nutritionnelles particulièrement intéressantes ; regorgeant de vitamines (attention cependant à ne pas les faire trop cuire), c'est l'alliée de notre santé.
Légume minceur par excellence, d'une saveur fine et délicate, fondante, elle se prête à de multiples préparations, de l'entrée au dessert.
Très peu calorique (moins de 20 kcal pour 100 g), elle s'intègre parfaitement aux régimes minceur et vous aidera à garder la ligne si, bien sûr, vous ne la servez pas baignant dans l'huile.
Cette petite mise en bouche vous aura, j'espère, donné envie de poursuivre votre lecture.
Je vous invite maintenant à découvrir les mille et une façons d'accommoder les courgettes, de l'entrée au dessert, pour votre plus grand plaisir, et celui de vos convives...
Alors, courgettons ensemble ! !
Et maintenant, bon appétit !

Remarque : dans les recettes, le terme *cuillère* désigne une *cuillère à soupe.*

et maintenant... bon appétit !

Entrées

Soupe froide de courgettes

Pour 4 personnes

Préparation : 15 min

Cuisson : 10 min

Ingrédients

4 courgettes
4 tomates
huile d'olive
1 citron
sel et poivre
basilic

Couper les courgettes en tronçons et les déposer dans le panier de la cocotte-minute. Les faire cuire à la vapeur 10 min après la rotation de la soupape.
Peler les tomates ; les mixer avec les courgettes cuites, le basilic haché, le sel et le poivre, une cuillère d'huile d'olive.
Servir bien frais avec un jus de citron.

Caviar de courgettes

Pour 6 personnes

Préparation : 15 min

Cuisson : 15 min

Ingrédients

3 courgettes
1 gousse d'ail
sel et poivre
1 jus de citron
huile d'olive

Couper les courgettes épluchées en morceaux et les faire griller au four pendant 10 à 15 min.
Dans un mixeur, verser les courgettes cuites, saler, poivrer, ajouter le jus de citron et l'ail écrasé.
Mixer le tout en ajoutant de l'huile d'olive petit à petit.
Servir tiède en garniture d'une viande ou d'une volaille, ou présenter ce caviar à l'apéritif sur des petits toasts.

Le petit plus

Ajouter dans le mixeur quelques olives dénoyautées et dessalées (pour cela, les plonger quelques minutes dans l'eau bouillante).

Velouté de courgettes

Pour 6 personnes

Préparation : 15 min

Cuisson : 15 min

Ingrédients

3 grosses courgettes
2 ou 3 pommes de terre, bintjes de préférence
1 bouillon de bœuf ou de volaille
1 gousse d'ail
sel et poivre
crème fraîche épaisse

Eplucher et laver les pommes de terre. Les couper en gros morceaux.
Couper les courgettes en tronçons.
Mettre les légumes dans une cocotte, ajouter une gousse d'ail épluchée, le bouillon, sel et poivre.
Recouvrir d'eau et faire cuire 15 min après la rotation de la soupape.
Mixer, et ajouter de la crème fraîche... à volonté !

Variante

Variante

Faire revenir les courgettes dans un peu de beurre avant la cuisson.

Terrine de courgettes aux pignons de pin

Pour 6 personnes

Préparation : 30 min

Cuisson : 45 min

Ingrédients

500 g de courgettes
3 œufs
125 g de farine
50 g de pignons de pin
4 cuillères d'huile d'olive
1 yaourt
persil et ciboulette hachés
sel et poivre
1/2 sachet de levure

Laver les courgettes et les essuyer soigneusement avant de les râper.
Dans un saladier, mélanger la farine, la levure, les œufs, le yaourt, l'huile d'olive, le sel et le poivre.
Incorporer les courgettes, les pignons grillés à sec et les herbes.
Bien mélanger ; si la préparation vous semble un peu trop épaisse, ajoutez une goutte de lait.
Verser dans un moule à cake et faire cuire 45 min au four, thermostat 180°C.
Servir tiède ou froid.

Le petit plus

Présenter avec une sauce au fromage blanc et aux herbes.

Carpaccio de courgettes, pignons et parmesan

Pour 4 personnes

Préparation : 15 min

Pas de cuisson

Ingrédients

4 petites courgettes
parmesan fraîchement râpé
100 g de pignons de pin
1 citron
4 cuillères d'huile d'olive
basilic haché
sel et poivre

Laver les courgettes et bien les essuyer avant de les couper en tranches très fines (en utilisant, au besoin, la râpe à chips d'un robot).
Les déposer dans un plat de service.
Parsemer de copeaux de parmesan, de basilic finement ciselé et de pignons grillés.
Arroser de jus de citron et d'huile d'olive.
Laisser mariner au frais au moins une heure avant de servir.

Variante

Pour des courgettes un peu plus moelleuses, les faire cuire quelques minutes à la vapeur.

Salade de courgettes au basilic et coriandre

Pour 6 personnes

Préparation : 15 min

Cuisson : 5 min

Ingrédients

6 petites courgettes
5 grains de coriandre
basilic
1 gousse d'ail
huile d'olive aromatisée au basilic
sel et poivre

Couper les courgettes en fines rondelles.
Les faire cuire 5 min à la vapeur (elles doivent rester un peu croquantes) et laisser refroidir.
Verser dans un saladier, parsemer de grains de coriandre écrasés.
Saler, poivrer, ajouter l'huile d'olive, l'ail haché et le basilic finement ciselé.
Laisser mariner au frais pendant au moins une heure avant de servir.

Variante

Faire cuire les courgettes à la poêle dans un peu d'huile d'olive jusqu'à ce qu'elles soient bien dorées.

Salade de courgettes à la moutarde

Pour 6 personnes

Préparation : 15 min

Ingrédients

6 petites courgettes
1 cuillère de yaourt
1 cuillère de vinaigre
2 cuillères d'huile
1 cuillère de moutarde
persil
sel et poivre

Laver les courgettes et les essuyer soigneusement avant de les râper.
Dans un bol, mélanger la moutarde avec une cuillère de vinaigre. Saler, poivrer, ajouter le yaourt puis l'huile.
Mélanger aux courgettes et servir bien frais, parsemé de persil ciselé.

Variantes

Ajouter des carottes râpées à cette salade.
Remplacer la vinaigrette à la moutarde par une vinaigrette à l'huile de noix.
Parsemer de coriandre fraîche avant de servir.

Beignets de courgettes

Pour 6 personnes

Préparation : 15 min
+
1 heure d'attente pour la pâte à beignets

Ingrédients

1 kg de courgettes
200 g de farine
2 œufs
+ 1 ou 2 blancs
1/2 litre de lait ou moitié eau / moitié lait
huile de friture
sel

Eplucher les courgettes et les couper en rondelles assez épaisses.
Bien les sécher et réserver.
Préparer la pâte à beignets
Dans une terrine, verser la farine puis les œufs et le sel. Délayer avec le lait pour obtenir une pâte assez épaisse.
Laisser reposer au moins une heure.
Incorporer les blancs battus en neige.
La pâte doit napper la cuillère (au besoin, ajouter un peu de lait).
Tremper les rondelles de courgettes dans la pâte à beignets et les plonger dans l'huile bien chaude.
Dès que les beignets sont dorés, les retirer de la friture et les égoutter sur du papier absorbant avant de servir.

Le petit plus
Pour des beignets encore plus savoureux, utiliser des fleurs de courgettes.

Terrine de courgettes

Pour 6 personnes

Préparation : 30 min

Cuisson : 45 min

A faire la veille

Ingrédients

1 kg de courgettes
3 œufs
1 yaourt
1 oignon
noix de muscade
10 cl de lait
100 g de mie de pain
1 filet d'huile d'olive
sel et poivre

Faire tremper la mie de pain dans le lait.
Faire revenir l'oignon dans un peu d'huile d'olive, ajouter les courgettes en rondelles et faire cuire jusqu'à ce qu'elles soient tendres.
Battre les œufs avec le yaourt, ajouter la mie de pain puis les courgettes.
Saler, poivrer et ajouter une pointe de noix de muscade.
Verser dans un moule à cake et faire cuire 35 à 45 min au four, thermostat 180°C.
Mettre au réfrigérateur au moins 12 heures avant de servir bien frais.

Courgettes à la grecque

Pour 4 personnes

Préparation : 15 min

Cuisson : 20 min

Attente : 1 h au moins

Ingrédients

6 petites courgettes
1 oignon
1/2 verre de vin blanc
persil
1 feuille de laurier
2 cuillères d'huile d'olive
1 citron
10 grains de coriandre
sel et poivre

Couper les courgettes en rondelles et réserver.
Dans une sauteuse, faire revenir l'oignon haché dans l'huile d'olive. Ajouter le vin blanc, un verre d'eau, le persil, le laurier, les grains de coriandre écrasés, le jus de citron.
Saler et poivrer.
Porter à ébullition, puis ajouter les courgettes et laisser cuire 20 min.
Verser dans un saladier et laisser mariner avant de servir très frais.

Variante
Plonger les courgettes dans un court-bouillon aromatisé au safran.

Courgettes marinées au vin blanc

Pour 4 personnes

Préparation : 15 min

Cuisson : 30 min

Ingrédients

- 6 petites courgettes
- 1 carotte
- 1 oignon
- 1/2 verre de vin blanc
- persil
- 1 feuille de laurier
- 2 cuillères d'huile d'olive
- 1 gousse d'ail
- sel et poivre

Couper les courgettes en fines rondelles et réserver.

Couper la carotte en petits morceaux et hacher l'oignon.

Faire revenir carotte et oignon dans l'huile d'olive, ajouter l'ail écrasé, le vin blanc, le persil et le laurier. Saler et poivrer.

Ajouter un peu d'eau, couvrir et laisser mijoter 15 min.

Ajouter alors les courgettes et poursuivre la cuisson 15 min à feu doux.

Verser dans un saladier et laisser refroidir avant de servir.

Courgettes au vin blanc et à la tomate

Pour 4 personnes

Préparation : 15 min

Cuisson : 35 min

Ingrédients

- 1 kg de courgettes
- 1 cuillerée à soupe de concentré de tomate
- 1 oignon
- 1/2 à 1 verre de vin blanc
- 2 gousses d'ail
- 2 cuillères d'huile d'olive
- 50 g de raisins secs
- coriandre fraîche
- sel et poivre

Couper les courgettes en fines rondelles et réserver.

Faire chauffer l'huile d'olive dans une sauteuse. Faire revenir l'oignon, ajouter l'ail écrasé, les courgettes et les raisins secs. Saler et poivrer, laisser mijoter 15 min.

Délayer le concentré de tomate avec le vin blanc. Remettre dans la sauteuse et poursuivre la cuisson pendant 20 min.

Laisser refroidir.

Parsemer de coriandre et servir bien frais.

Quiche aux courgettes et au jambon

Pour 6 personnes

Préparation : 30 min

Cuisson : 35 min

Ingrédients

200 g de farine
100 g de beurre
4 courgettes
25 cl de lait
50 g de gruyère râpé
1 cuillère de maïzena
200 g de jambon blanc en dés, ou jambon cru
2 œufs
sel et poivre

Préparer la pâte brisée : verser la farine et le sel dans un saladier, creuser un puits et ajouter le beurre mou en petits morceaux.
Pétrir en ajoutant un peu d'eau tiède.
Etaler la pâte et foncer un moule à tarte.
Laver les courgettes et les couper en rondelles.
Délayer la maïzena dans le lait. Ajouter les œufs battus, le fromage râpé et le jambon.
Saler, poivrer et bien mélanger.
Disposer les courgettes sur le fond de pâte.
Verser la préparation aux œufs.
Faire cuire au four, thermostat 180°C, pendant 30 à 35 min.
Servir chaud ou tiède, accompagné d'une salade verte.

Quiche aux courgettes et aux deux fromages

Pour 6 personnes

Préparation : 30 min

Cuisson : 30 min

Ingrédients

200 g de farine
100 g de beurre
800 g de courgettes
150 g de comté
100 g de fromage blanc
30 g de crème
3 œufs
1 oignon
1 filet d'huile d'olive
noix de muscade
sel et poivre

Préparer la pâte brisée : verser la farine et le sel dans un saladier, creuser un puits et ajouter le beurre mou en petits morceaux.
Pétrir en ajoutant un peu d'eau tiède.
Etaler la pâte et foncer un moule à tarte.
Laver les courgettes et les couper en rondelles.
Faire revenir l'oignon émincé dans l'huile d'olive ; ajouter les courgettes. Faire mijoter quelques minutes à feu moyen jusqu'à évaporation de l'eau.
Dans un bol, battre les œufs avec la crème et le fromage blanc. Saler, poivrer, ajouter le comté râpé et une pointe de muscade.
Verser les courgettes et la préparation aux œufs sur le fond de pâte.
Faire cuire à four chaud (180°C) pendant 30 à 40 min.
Servir chaud ou tiède.

Variante

Faire revenir les courgettes avec un oignon émincé et une gousse d'ail.

Tourte aux courgettes et au saumon

Pour 4 personnes

Préparation : 30 min

Cuisson : 35 min

Ingrédients

2 rouleaux de pâte feuilletée
700 g de courgettes
1 filet de saumon
1 oignon ou échalote
2 œufs
3 cuillères de crème
1 filet d'huile d'olive
sel et poivre

Faire chauffer l'huile d'olive dans une poêle et y faire revenir l'oignon émincé et les courgettes coupées en rondelles jusqu'à ce qu'elles soient tendres.
Saler et poivrer le filet de poisson et le faire cuire 5 min à la vapeur. Laisser refroidir.
Etaler le premier rouleau de pâte feuilletée et foncer un moule à tarte.
Répartir des petits morceaux de saumon sur la pâte, et ajouter les courgettes.
Battre les œufs avec la crème et répartir sur la tarte.
Recouvrir avec le deuxième rouleau de pâte.
Enfourner pour 30 à 40 min, thermostat 180°C.
Servir chaud ou tiède avec une salade verte.

Cake aux courgettes, fromage et ciboulette

Pour 4 personnes

Préparation : 20 min

Cuisson : 30 min

Ingrédients

100 g de farine
1/2 sachet de levure
2 courgettes
3 œufs
15 cl de lait
2 cuillères d'huile d'olive
100 g de fromage de chèvre frais
100 g de fromage blanc
persil
sel et poivre
quelques brins de ciboulette

Dans un saladier, verser la farine, les œufs, la levure et travailler au fouet.
Incorporer petit à petit le lait, l'huile d'olive.
Saler, poivrer, ajouter le fromage de chèvre émietté puis le fromage blanc et les herbes ciselées.
Bien mélanger le tout.
Râper les courgettes lavées et bien essuyées.
Incorporer à la préparation précédente.
Verser dans un moule à cake et faire cuire pendant 30 à 35 min au four, thermostat 180°C.
Laisser tiédir avant de servir.

Flan de courgettes aux herbes

Pour 6 personnes

Préparation : 30 min

Cuisson : 30 min

A faire la veille

Ingrédients

2 cuillères de maïzena
800 g de courgettes
1 oignon
2 œufs
2 dl de lait
100 g de fromage blanc
50 g de parmesan
persil
basilic
huile d'olive
sel et poivre

Couper les courgettes en rondelles.
Dans une poêle, faire chauffer un peu d'huile d'olive et y faire revenir l'oignon. Ajouter les courgettes et faire cuire à feu moyen jusqu'à ce qu'elles soient tendres.
Battre les œufs avec le fromage blanc, le parmesan râpé, les herbes ciselées. Saler, poivrer.
Délayer la maïzena avec le lait et porter à ébullition sans cesser de tourner pour faire épaissir.
Ajouter alors la préparation aux œufs, puis les courgettes.
Verser dans un moule à cake et faire cuire au four, thermostat 180°C, pendant 30 à 40 min.
Mettre au réfrigérateur toute une nuit et servir bien frais.

Variante
Remplacer le basilic par du cerfeuil.

Pain de thon aux courgettes

Pour 6 personnes

Préparation : 30 min

Cuisson : 45 min

Ingrédients
- 300 g de thon en conserve
- 2 courgettes
- 3 œufs
- 100 g de fromage blanc
- 50 g de comté
- persil
- 100 g de farine
- 30 cl de lait
- 1/2 sachet de levure
- 2 cuillères d'huile d'olive
- sel et poivre

Laver les courgettes, les essuyer et les râper.
Dans le bol d'un mixeur, verser la farine et la levure puis les jaunes d'œufs.
Mixer et incorporer le thon puis le lait, l'huile, le fromage blanc, le comté, le persil, battre les blancs en neige ferme.
Ajouter enfin les courgettes, saler et poivrer.
Mixer le tout et verser dans un moule à cake beurré, incorporer les blancs en neige.
Faire cuire 35 à 45 min au four, thermostat 180°C.
Servir tiède ou froid avec un filet de citron ou une sauce au fromage blanc et aux herbes.

Courgettes au chèvre

Pour 4 personnes

Préparation : 25 min

Cuisson : 5 min

Ingrédients

4 courgettes
200 g de fromage de chèvre frais
100 g de fromage blanc
20 olives (noires de préférence)
persil
1 gousse d'ail
huile d'olive
sel et poivre

Une entrée rafraîchissante qui peut également se servir à l'apéritif.
Couper les courgettes en deux dans le sens de la longueur, puis en deux dans le sens de la largeur.
Les évider et réserver la chair.
Faire cuire les barquettes de courgettes quelques minutes à la vapeur (elles doivent rester fermes).
Faire revenir la chair des courgettes dans l'huile d'olive, en ajoutant l'ail écrasé et le persil. Laisser cuire quelques minutes.
Mélanger le chèvre émietté puis le fromage blanc et les olives écrasées.
Saler, poivrer, ajouter un filet d'huile d'olive.
Remplir les courgettes avec cette préparation.
Réfrigérer pendant au moins une heure avant de servir.

Tarte aux courgettes, tomates et fromage

Pour 6 personnes

Préparation : 30 min

Cuisson : 35 min

Ingrédients

200 g de farine
100 g de beurre
700 g de courgettes
2 tomates
2 ou 3 œufs
5 cl de lait
1 gousse d'ail
2 oignons
50 g de parmesan ou de fromage de chèvre
basilic
Sel

Préparer la pâte brisée : verser la farine et le sel dans un saladier, creuser un puits et ajouter le beurre mou en petits morceaux.
Pétrir en ajoutant un peu d'eau tiède.
Etaler la pâte et tapisser un moule à tarte.
Dans une poêle huilée, faire revenir les oignons émincés et les courgettes en rondelles. Ajouter les tomates épluchées et coupées en morceaux, l'ail écrasé, puis laisser cuire à feu vif jusqu'à ce que les légumes ne rendent plus d'eau.
Déposer cette préparation sur le fond de tarte.
Dans un bol, battre les œufs avec un peu de lait. Saler, poivrer et ajouter le basilic ciselé.
Verser sur la tarte.
Parsemer de parmesan fraîchement coupé ou de petits morceaux de chèvre.
Mettre au four, thermostat 180°C, pour 30 à 45 min.
Servir tiède après avoir ajouté quelques feuilles de basilic ciselées.

Toasts aux courgettes

Pour 4 personnes

Préparation : 15 min

Cuisson : 10 min

Ingrédients

2 courgettes
100 g de fromage de chèvre
1 oignon
4 tranches de pain de campagne
persil
huile d'olive

Couper les courgettes et l'oignon en rondelles assez fines ; les déposer sur une plaque anti-adhésive ; arroser d'un peu d'huile d'olive et faire griller au four durant 5 à 10 min.
Pendant ce temps, mélanger le fromage et le persil.
Faire griller les tranches de pain de campagne.
Déposer sur le pain des rondelles de courgettes et d'oignon.
Recouvrir avec la préparation au fromage.
Passer au gril quelques instants avant de servir chaud.

Plats

Omelette soufflée aux courgettes

Pour 4 personnes

Préparation : 15 min

Cuisson : 5 min

Ingrédients

- 6 œufs
- 2 petites courgettes
- 1 petit oignon
- 1 filet d'huile d'olive
- sel et poivre

Râper les courgettes lavées et séchées et réserver.
Faire revenir l'oignon dans un peu d'huile d'olive.
Dans un saladier, battre 4 œufs entiers et 2 jaunes, ajouter une goutte de lait et d'eau, saler et poivrer.
Battre les 2 blancs en neige ferme et incorporer délicatement à la préparation précédente. Ajouter enfin les courgettes puis saler et poivrer
Verser dans la poêle et faire cuire l'omelette à feu moyen.

Tour de main
Pour cette recette, il vaut mieux procéder en deux fois pour bien réussir la cuisson.

Courgettes farcies végétariennes

Pour 4 personnes

Préparation : 20 min
Cuisson : 30 à 45 min

Ingrédients

- 4 courgettes
- 2 oignons
- 1 échalote
- 1 ou 2 gousses d'ail
- persil
- 100 g de parmesan
- 1 filet d'huile d'olive
- basilic
- sel et poivre

Laver les courgettes sans les éplucher ; les couper en deux dans le sens de la longueur.
Evider les courgettes et réserver la pulpe.
Faire revenir les oignons et l'échalote émincés dans un peu d'huile d'olive ; ajouter la pulpe des courgettes, l'ail écrasé, le persil ciselé et faire cuire pendant quelques minutes. Saler, poivrer, ajouter le basilic ciselé.
Remplir les courgettes de la préparation, ajouter le parmesan fraîchement râpé.
Enfourner pour 30 à 45 min, thermostat 180°C.

Courgettes farcies au fromage blanc

Pour 4 personnes

Préparation : 30 min

Cuisson : 30 à 45 min

Ingrédients

4 courgettes
300 g de faisselle
2 oignons
200 g de champignons
persil
100 g de parmesan
quelques pignons de pin
1 filet d'huile d'olive
sel et poivre

Couper les courgettes en deux dans le sens de la longueur.
Les évider et réserver la pulpe.
Faire revenir les oignons et les champignons émincés dans un peu d'huile d'olive ; ajouter la pulpe des courgettes et faire cuire pendant quelques minutes. Saler, poivrer.
Hors du feu, ajouter le fromage blanc égoutté et le persil.
Remplir les courgettes de la préparation, ajouter le parmesan fraîchement râpé.
Mettre au four pour 30 à 45 min, thermostat 180°C.
Servir avec des pignons de pin grillés.

Variante
Ajouter à la farce 10 g de semoule, un jaune d'œuf et un blanc d'œuf battu en neige.

Courgettes farcies

Pour 4 personnes

Préparation : 30 min

Cuisson : 30 à 45 min

Ingrédients

4 courgettes rondes
100 g de jambon blanc
200 g de chair à saucisse
1 œuf
1 oignon
1 gousse d'ail
50 g de mie de pain ou biscotte
1/2 verre de lait
persil, thym
Muscade
1 filet d'huile d'olive
sel et poivre

Oter le chapeau des courgettes et les évider ; réserver la pulpe.
Faire tremper la mie de pain dans un peu de lait.
Eplucher et émincer l'oignon. Le faire revenir avec un peu d'huile d'olive et y incorporer la pulpe des courgettes. Ajouter une branche de thym et laisser cuire quelques minutes jusqu'à ce que l'eau s'évapore.
Dans un saladier, mélanger la chair à saucisse, le jambon haché, l'ail écrasé, la mie de pain égouttée.
Ajouter un œuf entier, le persil, et bien mélanger.
Incorporer les courgettes et les oignons.
Saler, poivrer, ajouter une pointe de muscade.
Remplir les courgettes de cette préparation.
Déposer dans un plat à four, parsemer de quelques noisettes de beurre et faire cuire 30 à 45 min au four, thermostat 180°C.

Variante
Mélanger différents types de viande (bœuf, veau et porc).

Gratin de courgettes au jambon

Pour 4 personnes

Préparation : 15 min

Cuisson : 20 min

Ingrédients

800 g de courgettes
restes de jambon blanc
1 gousse d'ail
2 échalotes
50 g de parmesan
1 citron
persil
sel et poivre

Couper les courgettes en deux dans le sens de la longueur et les faire cuire 5 min à la vapeur.
Dans une poêle, faire revenir les échalotes ; ajouter le jambon en dés, l'ail écrasé et un jus de citron. Poivrer.
Dans un plat à gratin, déposer les courgettes. Recouvrir de la préparation au jambon.
Saupoudrer de persil et de parmesan fraîchement râpé.
Faire gratiner 15 min au four, thermostat 210°C.

Courgettes au tofu

Pour 4 personnes

Préparation : 20 min

Cuisson : 40 à 50 min

Ingrédients

4 courgettes
250 g de tofu nature ou aux herbes
1 oignon
1 gousse d'ail
50 g de gruyère
huile d'olive
persil
cerfeuil
sel et poivre

Laver les courgettes et les couper en deux dans le sens de la longueur. Les évider et réserver la chair.
Faire chauffer l'huile d'olive dans une poêle et y faire revenir l'oignon émincé. Ajouter la chair des courgettes et l'ail haché et faire mijoter 10 min.
Saler, poivrer et ajouter le tofu émietté ainsi que le persil et le cerfeuil.
Remplir les demi-courgettes avec cette préparation.
Déposer dans un plat à four, saupoudrer de gruyère râpé et faire cuire 30 à 40 min au four, thermostat 200°C.

Omelette aux courgettes

Pour 4 personnes

Préparation : 15 min

Cuisson : 10 à 15 min

Ingrédients

6 œufs
1 ou 2 petites courgettes
1 petit oignon
huile d'olive
sel et poivre

Laver les courgettes sans les éplucher.
Les râper et réserver.
Faire chauffer une cuillère d'huile d'olive dans une poêle et y faire revenir l'oignon.
Ajouter 1/3 des courgettes et laisser cuire quelques instants, jusqu'à ce qu'elles soient tendres.
Dans un saladier, battre les œufs, ajouter une goutte de lait et d'eau.
Incorporer le reste des courgettes râpées.
Verser le tout dans la poêle bien chaude et laisser cuire à feu moyen jusqu'à ce que l'omelette soit cuite à votre goût.

Le petit plus

Ajouter une pointe d'ail et/ou du fromage râpé.

Soufflé aux courgettes

Pour 4 personnes

Préparation : 30 min
Cuisson : 40 min

Ingrédients

800 g de courgettes
4 œufs
40 cl de lait
50 g de beurre
50 g de fromage râpé
2 cuillères de fécule ou farine
muscade
sel et poivre

Faire cuire les courgettes 5 min à la vapeur et les mixer.
Faire dessécher sur feu moyen.
Dans une casserole, faire fondre le beurre, puis ajouter la farine en pluie.
Verser petit à petit le lait froid et faire épaissir sur feu doux pour obtenir une béchamel.
Ajouter les courgettes puis les jaunes d'œufs et le fromage râpé. Saler, poivrer, ajouter une pointe de muscade.
Incorporer les blancs battus en neige.
Verser dans un moule à soufflé beurré et faire cuire 30 à 40 min au four, thermostat 180°C.
Servir sans attendre.

Soufflé aux courgettes allégé

Pour 4 personnes

Préparation : 30 min
Cuisson : 40 min

Ingrédients

800 g de courgettes
4 ou 5 œufs
10 g de maïzena
200 g de fromage blanc 0 ou 20%
10 g de beurre
muscade
sel et poivre

Faire cuire les courgettes 5 min à la vapeur et les mixer.
Faire dessécher sur feu moyen.
Battre les jaunes d'œuf avec la maïzena, ajouter le fromage blanc puis la purée de courgettes. Saler, poivrer, ajouter une pointe de muscade.
Incorporer les blancs battus en neige.
Verser dans un moule à soufflé beurré et faire cuire 30 à 40 min au four, thermostat 180°C.
Servir sans attendre.

Œufs brouillés aux courgettes

Pour 4 personnes

Préparation : 15 min

Cuisson : 15 min

Ingrédients

3 ou 4 petites courgettes
4 à 6 œufs
1 oignon
30 g de beurre
crème fraîche
sel et poivre

Couper les courgettes en petits morceaux.
Faire revenir l'oignon émincé dans le beurre ; incorporer les courgettes et laisser cuire 10 à 15 min.
Casser les œufs un par un dans la poêle et mélanger vivement jusqu'à la consistance désirée. Ajouter alors la crème.
Saler, poivrer et servir chaud ou froid en entrée.

Flan de courgettes au fromage " Cottage "

Pour 4 personnes

Préparation : 15 min

Cuisson : 15 min

Ingrédients

4 petites courgettes
4 œufs
1 gousse d'ail
200 g de fromage type " Cottage "
50 g de gruyère râpé
sel et poivre

Couper les courgettes en rondelles et les faire cuire 3 min à la vapeur.
Déposer les courgettes cuites dans un plat à gratin beurré.
Dans un bol, battre les œufs avec le fromage, l'ail écrasé.
Ajouter le fromage râpé, le sel et le poivre.
Verser sur les courgettes et enfourner pour 15 min, thermostat 200°C.

Veau aux courgettes

Pour 4 personnes

Préparation : 30 min

Cuisson : 30 min

Ingrédients

5 à 6 courgettes
600 g d'épaule de veau
1 gousse d'ail
2 échalotes
2 tomates
huile d'olive
thym
laurier
sel et poivre

Couper les courgettes en rondelles.
Dans une sauteuse, faire saisir les morceaux de veau dans l'huile d'olive ; retirer puis faire revenir les échalotes.
Remettre le tout dans la sauteuse et ajouter les tomates pelées, les courgettes, et l'ail.
Ajouter le thym et la feuille de laurier.
Faire cuire à feu doux pendant 25 min environ.

Variante

Vous pouvez ajouter quelques graines de cumin.

Le petit plus

Ce plat sera encore meilleur cuit au four dans un plat en terre type " Römertopf " (après avoir saisi la viande). Compter alors 45 min à 1 h de cuisson à 180°C.

Filet de cabillaud en papillotte sur lit de courgettes

Pour 4 personnes

Préparation : 20 min

Cuisson : 30 min

Ingrédients

4 filets de cabillaud
4 petites courgettes
1 échalote
1 filet d'huile d'olive
2 tomates
10 grains de coriandre
quelques baies roses
sel et poivre

Râper les courgettes après les avoir bien séchées.
Laver et éplucher les tomates et les couper en quartiers.
Dans un plat à four huilé, déposer les courgettes, les tomates et l'échalote hachée. Poivrer, parsemer de grains de coriandre écrasés et de baies roses et saler.
Faire cuire 15 min au four, thermostat 180°C.
Sortir le plat du four et retirer les légumes. Préparer quatre carrés de feuille d'aluminium ou de papier sulfurisé ; y déposer d'abord les légumes puis les filets de poisson.
Saler, poivrer, ajouter quelques grains de coriandre hachés, des baies roses et un filet d'huile d'olive.
Refermer les papillotes et faire cuire 10 à 15 min au four, thermostat 180°C.

Le petit plus

Utiliser un sel de mer aromatisé aux herbes pour relever le goût du poisson et des légumes.

Variante

Déposer le poisson directement sur le lit de légumes, sans former de papillotes.

Filet de truite rose vapeur, coulis de courgettes

Pour 4 personnes

Préparation : 15 min

Cuisson : 7 min

Ingrédients

4 filets de truite
4 courgettes
quelques baies roses
quelques grains de coriandre
crème fraîche
sel et poivre

Couper les courgettes en rondelles.
Les déposer dans le panier d'une cocotte-minute.
Placer les filets de poisson par-dessus.
Saler, poivrer, parsemer de baies roses et de grains de coriandre écrasés.
Faire cuire 5 à 7 min à partir de la rotation de la soupape.
Mixer les courgettes avec la crème fraîche pour obtenir une sauce onctueuse.
Servir le filet de truite nappé du coulis de courgettes, et accompagné de pâtes fraîches ou de riz basmati.

Variante
Remplacer la truite par un filet de saumon.

Chausson aux courgettes

Pour 4 personnes

Préparation : 35 min

Cuisson : 30 min

Ingrédients

1 pâte feuilletée ou brisée
2 courgettes
1 gousse d'ail
1 oignon
150 g de bœuf haché
2 œufs
persil
sel et poivre

Laver les courgettes et les couper en rondelles.
Dans une poêle bien chaude, faire revenir l'oignon émincé puis ajouter les courgettes et la viande.
Laisser mijoter quelques minutes.
Ajouter l'ail et le persil hachés.
Hors du feu, incorporer les œufs, saler, poivrer.
Diviser la pâte en quatre cercles ; disposer au centre de chaque cercle un peu de farce.
Refermer et souder les bords.
Dorer à l'œuf et enfourner pour 30 min environ, thermostat 180°C.
Déguster accompagné d'une salade frisée.

Gratin de courgettes à l'agneau

Pour 4 personnes

Préparation : 50 min

Cuisson : 55 min

Ingrédients

1 kg de courgettes
500 g d'agneau haché
2 oignons
1 gousse d'ail
grains de coriandre
huile d'olive
persil
sel et poivre

Laver les courgettes et les couper en rondelles.
Faire chauffer l'huile d'olive dans une poêle et y faire revenir les oignons émincés. Ajouter les courgettes et l'ail haché et faire mijoter 10 min.
Saler, poivrer et ajouter l'agneau haché et les grains de coriandre écrasés ; faire cuire 10 à 15 min à feu doux.
Ajouter le persil haché et incorporer au mélange courgettes-viande.
Verser dans un plat à four huilé et faire gratiner 30 à 45 min, thermostat 180°C.

Gratin de courgettes au boeuf

Pour 4 personnes

Préparation : 50 min

Cuisson : 50 min

Ingrédients

- 1 kg de courgettes
- 500 g de bœuf haché
- 1 oignon
- 1 gousse d'ail
- 4 œufs
- 50 g de parmesan
- huile d'olive
- persil
- sel et poivre

Laver les courgettes et les couper en rondelles.
Faire chauffer l'huile d'olive dans une poêle et y faire revenir l'oignon émincé. Ajouter les courgettes et l'ail haché et faire mijoter 10 min.
Saler, poivrer et ajouter le bœuf haché ; faire cuire 10 à 15 min à feu doux.
Battre les œufs avec une goutte de lait et le parmesan râpé.
Ajouter le persil haché.
Incorporer au mélange courgettes-viande.
Verser dans un plat à four huilé et faire gratiner 30 min, thermostat 180°C.

Gratin de porc aux courgettes

Pour 4 personnes

Préparation : 30 min

Cuisson : 45 min à 1 h

Ingrédients

- 800 g de courgettes
- 500 g de porc dans l'échine
- 1 oignon
- 1 ou 2 gousses d'ail
- 500 g de tomates
- 50 g de parmesan ou gruyère
- chapelure
- huile d'olive
- persil
- sel et poivre

Laver les courgettes et les couper en rondelles.
Faire chauffer l'huile d'olive dans une poêle et y faire revenir l'oignon émincé. Ajouter les courgettes, les tomates pelées et concassées et l'ail haché ; faire mijoter 10 min. Saler, poivrer.
Dans une autre poêle, faire saisir le porc haché. Ajouter le persil ciselé.
Huiler un plat à four et tapisser le fond d'une couche de légumes. Intercaler les couches de viande et de légumes en terminant par les légumes.
Faire cuire pendant 45 min au four, thermostat 200°C. 10 à 15 min avant la fin de la cuisson, parsemer de fromage râpé et de chapelure et faire gratiner.

Gratin de courgettes au tofu

Pour 4 personnes

Préparation : 20 min

Cuisson : 40 min

Ingrédients

800 g de courgettes
250 g de tofu
1 verre de riz (120 g)
1 oignon
1 gousse d'ail
50 g de gruyère
huile d'olive
persil
sel et poivre

Faire cuire le riz dans l'eau bouillante salée et égoutter.
Dans une sauteuse, faire chauffer l'huile d'olive puis y faire revenir l'oignon émincé et les rondelles de courgettes.
Ajouter l'ail écrasé, le tofu émietté, le persil ciselé ; saler et poivrer.
Incorporer le riz et bien mélanger.
Déposer dans un plat à four huilé, saupoudrer de gruyère râpé et faire cuire 35 à 40 min au four, thermostat 200°C.

Le petit plus
Faire mariner le tofu dans de la sauce de soja ou du citron avant de l'incorporer aux courgettes.

Variante
Utiliser du tofu fumé ou aux herbes.

Légumes

Blé aux courgettes

Pour 4 personnes

Préparation : 15 min

Cuisson : 35 min

Ingrédients

3 courgettes
2 verres de blé
3 tomates
1 oignon
1 gousse d'ail
huile d'olive
persil
sel et poivre

Porter une grande quantité d'eau salée à ébullition, verser le blé et laisser cuire 15 min. Egoutter.
Faire revenir l'oignon haché dans un peu d'huile. Ajouter les courgettes en rondelles, les tomates pelées et épépinées et l'ail écrasé.
Laisser mijoter à feu doux 15 mn.
Incorporer le blé et bien mélanger le tout.
Laisser mijoter 5 mn avant de parsemer de persil et de servir.

Clafoutis de courgettes

Pour 4 personnes

Préparation : 20 min

Cuisson : 25 min

Ingrédients

700 g de courgettes
1/2 litre de lait
2 œufs
1 cuillerée à café de muscade
1 cuillère de maïzena
sel et poivre

Râper les courgettes.
Délayer la fécule dans un peu de lait.
Faire chauffer le reste de lait et y plonger les courgettes.
Saler, poivrer, ajouter la muscade.
Incorporer la fécule délayée et faire épaissir pendant quelques minutes.
Ajouter les œufs battus et verser cette préparation dans un plat à gratin ; parsemer éventuellement de gruyère râpé et faire cuire 20 à 30 min au four, thermostat 180°C.
Servir bien chaud.

Gratin de courgettes aux carottes

Pour 4 personnes :

Préparation : 20 min

Cuisson : 40 min

Ingrédients

6 petites courgettes
3 petites carottes
3 œufs
2 cuillères à soupe de crème
50 g de gruyère ou de parmesan
50 g de lardons
50 g de jambon en dés
1 gousse d'ail
1cuillère à café de moutarde
Sel et poivre
1 filet d'huile d'olive

Laver les légumes , couper les courgettes en fines rondelles. Eplucher les carottes et les couper en lanières à l'aide d'un économe.
Faire revenir les lardons à sec et réserver.
Dans une terrine, battre les œufs avec la moutarde, l'ail dégermé et haché et la crème.
Huiler un plat à four et faire une première couche de courgettes. Par dessus, mettre les lardons et le jambon. Puis ajouter les carottes et enfin la préparation aux œufs.
Terminer par une couche de fromage râpé.
Faire cuire à four th180°C pendant 35 à 45 min.

Courgettes au basilic et aux pignons de pin

Pour 4 personnes

Préparation : 20 min

Cuisson : 30 min

Ingrédients

800 g de courgettes
50 g de pignons de pin
20 feuilles de basilic
3 cuillères à soupe d'huile d'olive
1 gousse d'ail
Sel et poivre

Laver les courgettes et les couper en rondelles.
Dans une poêle, faire chauffer 1 cuillère d'huile d'olive et y faire revenir les courgettes ; laisser cuire à feu doux pendant 20 à 30 min.
Éplucher la gousse d'ail, ôter le germe et la hacher. La mixer avec les feuilles de basilic, les pignons (en réserver quelques-uns pour la décoration) et ajouter progressivement le reste de l'huile d'olive.
Verser ce pesto onctueux sur les courgettes et servir sans attendre.

Courgettes grillées

Pour 4 personnes

Préparation : 5 min

Cuisson : 5 à 10 min

Ingrédients

4 courgettes
huile d'olive
vinaigre balsamique
sel et poivre

Couper les courgettes en tranches de 3 mm environ dans le sens de la longueur.
Les déposer sur la plaque du four et arroser d'huile d'olive.
Saler, poivrer, et faire griller au four 5 à 10 min selon votre goût.
Avant de servir bien chaud, verser quelques gouttes de vinaigre balsamique sur chaque courgette.

Les petits plus

Utiliser une huile d'olive aromatisée au basilic.
A la sortie du four, parsemer un peu de fleur de sel.

Courgettes grillées au citron

Pour 4 personnes

Préparation : 5 min

Cuisson : 5 à 10 min

Ingrédients

4 courgettes
2 cuillères d'huile d'olive
1 citron
cerfeuil
sel et poivre

Couper les courgettes en tranches de 3 mm environ dans le sens de la longueur.
Les déposer sur la plaque du four.
Dans un bol, mélanger le jus de citron, l'huile d'olive et le cerfeuil ciselé.
Verser sur les tranches de courgettes.
Saler, poivrer, et faire griller au four 5 à 15 min.

N

Gratin de courgettes au riz

Pour 4 personnes

Préparation : 15 min

Cuisson : 35 min

Ingrédients

4 courgettes
4 tomates
150 g de lardons
120 g de riz
50 g de parmesan ou gruyère râpé
1 à 2 cuillères d'huile d'olive
sel et poivre

Ebouillanter et éplucher les tomates avant de les couper en quartiers.
Couper les courgettes en rondelles.
Faire pré-cuire le riz.
Dans un plat à four beurré, déposer quelques morceaux de tomates et courgettes.
Parsemer de lardons préalablement revenus dans une poêle sans matière grasse.
Ajouter le riz, et terminer par une couche de courgettes et de tomates.
Saler modérément, poivrer, et arroser d'une à deux cuillères d'huile d'olive.
Parsemer de fromage râpé.
Faire cuire 35 min au four, thermostat 180°C.

N

Purée de courgettes aux champignons

Pour 4 personnes

Préparation : 15 min

Cuisson : 10 min

Ingrédients

1 kg de courgettes
500 g de champignons
crème fraîche
1 pointe de muscade
sel et poivre

Enlever le bout terreux des champignons ; les laver et les brosser.
Couper les courgettes et les champignons en morceaux et faire cuire 10 min à la cocotte-minute.
Mixer le tout, saler et poivrer et ajouter la muscade.
Ajouter deux cuillères de crème et servir.

Purée de courgettes au persil

Pour 4 personnes

Préparation : 15 min

Cuisson : 10 min

Ingrédients

4 à 5 courgettes moyennes
150 g de riz
1 botte de persil
crème fraîche
1 jaune d'œuf
1 gousse d'ail
10 grains de coriandre
sel et poivre

Faire cuire les courgettes 10 min à la vapeur avec la gousse d'ail dégermée.
Faire cuire le riz dans l'eau bouillante salée et égoutter.
Laver le persil.
Mixer les courgettes, le riz, la coriandre et le persil. Incorporer le jaune d'œuf.
Saler et poivrer.
Ajouter de la crème à volonté et servir.

Le petit plus

Ajouter le blanc battu en neige ferme et verser dans un plat à four. Parsemer de gruyère râpé et faire gratiner quelques minutes.

Curry de légumes

Pour 4 personnes

Préparation : 15 min
Cuisson : 30 min

Ingrédients

5 courgettes
2 carottes
400 g de tomates
1 oignon
1 gousse d'ail
1 cuillère de cumin
1 cuillère de coriandre moulue
1 cuillère de curcuma
1 filet d'huile d'olive
1 gousse de cardamome
1 cuillère de gingembre en poudre
Muscade, sel et poivre

Laver et éplucher les tomates et les carottes.
Faire chauffer l'huile dans une poêle et y faire revenir l'oignon émincé.
Ajouter les épices et un demi-verre d'eau et laisser mijoter quelques minutes.
Incorporer l'ail écrasé, les quartiers de tomates et les carottes en bâtonnets, et laisser cuire 10 min à couvert.
Couper les courgettes en rondelles et les ajouter aux autres légumes.
Poursuivre la cuisson pendant 20 min à feu moyen.
Servir avec du riz basmati.

Tian méridional

Pour 4 personnes

Préparation : 20 min

Cuisson : 1 h 15 min

Ingrédients

5 courgettes
4 tomates
3 aubergines
2 oignons
2 gousses d'ail
thym
laurier
huile d'olive
sel et poivre

Couper les courgettes, les tomates et les aubergines en rondelles.
Emincer l'oignon.
Frotter un plat à four avec une gousse d'ail ; verser un peu d'huile d'olive.
Alterner par couches successives les tomates, les oignons, les courgettes, les aubergines.
Ajouter l'ail écrasé, le thym et une feuille de laurier.
Arroser d'huile d'olive.
Faire cuire au four 1 h à 1 h 30, thermostat 170°C.

Le petit plus

Pour un goût plus doux, on peut éplucher les aubergines.

Gratin de courgettes aux blettes

Pour 4 personnes

Préparation : 20 min

Cuisson : 45 min

Ingrédients

5 courgettes
200 g de blettes (feuilles seulement)
50 g de riz
3 œufs
2 oignons
2 gousses d'ail
persil
huile d'olive
sel et poivre

Couper les courgettes en gros morceaux et faire cuire 5 min à la vapeur.
Laver les feuilles de blettes et les mixer avec les courgettes cuites.
Faire pré-cuire le riz, égoutter.
Dans un saladier, mélanger la purée de courgettes-blettes, les oignons émincés, l'ail écrasé et le riz.
Incorporer les œufs battus en omelette ; saler, poivrer.
Ajouter le persil.
Verser dans un plat à four huilé et faire cuire 45 min à 180°C.

Gratin de courgettes

Pour 4 personnes

Préparation : 20 min

Cuisson : 20 min

Ingrédients

5 courgettes
100 g de biscottes
ou pain rassis
50 g de parmesan
huile d'olive
sel et poivre

Laver les courgettes sans les éplucher.
Les couper en rondelles.
Ecraser les biscottes ou le pain pour obtenir de la chapelure.
Passer les rondelles de courgettes dans la chapelure et les poêler 10 min dans l'huile d'olive.
Saler, poivrer, disposer dans un plat à four.
Parsemer de copeaux de parmesan et mettre à four très chaud pendant 10 min.

Flan de courgettes au basilic

Pour 4 personnes

Préparation : 20 min

Cuisson : 40 min

Ingrédients

800 g de courgettes
3 œufs
parmesan
1 gousse d'ail
feuilles de basilic
1 filet d'huile d'olive
sel et poivre

Couper les courgettes en morceaux et faire revenir quelques minutes dans l'huile d'olive jusqu'à ce qu'elles soient tendres. Mixer.
Dans une terrine, battre les œufs avec une goutte de lait et les ajouter aux courgettes.
Saler, poivrer, incorporer l'ail écrasé et le basilic haché.
Parsemer de copeaux de parmesan.
Verser dans un plat à four et faire cuire 25 min à 180°C.

Flans de courgettes aux champignons

Pour 4 personnes

Préparation : 20 min

Cuisson : 30 min

Ingrédients

400 g de courgettes
150 g de champignons
1 poireau
1 œuf + 1 blanc
20 g de fromage blanc ou crème
1 gousse d'ail
1 filet d'huile d'olive
sel et poivre

Couper les courgettes et les poireaux en morceaux et faire cuire 10 min à la vapeur.
Mixer, ajouter un œuf entier et le fromage blanc.
Faire revenir les champignons émincés dans l'huile d'olive, ajouter l'ail écrasé.
Battre le blanc d'œuf en neige et l'incorporer à la purée de courgettes-poireaux.
Ajouter les champignons.
Verser dans quatre ramequins beurrés et faire cuire au four, thermostat 170°C, pendant 15 à 20 min.

Gratin de courgettes

Pour 4 personnes

Préparation : 20 min

Cuisson : 25 min

Ingrédients

800 g de courgettes
3 œufs
50 g de crème
2 cuillères de moutarde (facultatif)
1/2 verre de lait
50 g de fromage râpé
1 pincée de noix de muscade
sel et poivre

Couper les courgettes en rondelles.
Les faire cuire dans l'eau bouillante (additionnée ou non d'un bouillon de volaille) pendant 10 min ; bien égoutter et disposer dans un plat à four.
Dans un saladier, battre les œufs, ajouter la moutarde, la crème et le lait.
Saler, poivrer, incorporer une pointe de muscade et la moitié du fromage.
Verser cette préparation sur les courgettes et parsemer du reste du fromage.
Faire cuire 15 min au four, thermostat 180°C.

Variante

Pour un plat complet végétarien, incorporer 100 à 200 g de tofu émietté à la préparation aux œufs.

Gratin de courgettes et pommes de terre

Pour 4 personnes

Préparation : 20 min

Cuisson : 45 min

Ingrédients

800 g de courgettes
4 pommes de terre
huile d'olive
1 gousse d'ail
1 oignon
50 g de fromage de chèvre
thym, laurier
sel et poivre

Couper les légumes en rondelles.
Frotter un plat à four avec la gousse d'ail, mettre un peu d'huile dans le fond et disposer les rondelles de courgettes et de pommes de terre.
Ajouter l'oignon émincé puis le fromage de chèvre en petits morceaux, le thym et une feuille de laurier.
Saler, poivrer, arroser d'huile d'olive et faire cuire 45 min au four, thermostat 180°C.

Courgettes à la poêle

Pour 4 personnes

Préparation : 20 min

Cuisson : 15 min

Ingrédients

6 petites courgettes
huile d'olive
1 gousse d'ail
pignons de pin
sel et poivre

Faire revenir les courgettes dans l'huile d'olive et faire cuire à feu vif en remuant souvent. Ajouter l'ail écrasé.
Saler, poivrer.
Faire griller les pignons de pin à sec.
Lorsque les courgettes sont bien tendres, ajouter les pignons et servir aussitôt.

Le petit plus
Au moment de servir, parsemer de basilic ciselé frais.

Mousse de légumes

Pour 4 personnes

Préparation : 40 min

Cuisson : 30 min

Ingrédients

500 g de courgettes
500 g de carottes
muscade
6 œufs
crème
sel et poivre

Faire cuire les courgettes (5 min) et les carottes (10 min) séparément, à la vapeur.
Une fois les légumes cuits, les réduire en purée.
Ajouter les œufs un par un, puis la crème, le sel et le poivre.
Incorporer une pointe de muscade.
Beurrer des ramequins et y verser la préparation.
Faire cuire au four, thermostat 180°C, de préférence au bain-marie, pendant 20 à 25 min.

Variante

Remplacer les carottes par du céleri-rave.

Courgettes au parmesan

Pour 4 personnes

Préparation : 10 min

Cuisson : 15 min

Ingrédients

5 petites courgettes
1 gousse d'ail
50 g de parmesan
huile d'olive
sel et poivre

Couper les courgettes en fines rondelles.
Faire chauffer l'huile dans une poêle et y verser les courgettes. Laisser cuire à feu vif en remuant souvent. Ajouter l'ail écrasé, saler, poivrer et poursuivre la cuisson quelques minutes.
Incorporer alors le parmesan râpé et laisser mijoter pendant une minute avant de servir.

Tagliatelles de courgettes

Pour 4 personnes

Préparation : 10 min

Cuisson : 5 min

Ingrédients

3 courgettes
30 g de beurre
1 cuillère d'huile d'olive
cerfeuil
sel et poivre

Peler les courgettes avec un épluche-légumes pour obtenir de grandes lanières.
Faire bouillir une grande quantité d'eau et y plonger les bandes de courgettes.
Laisser cuire 3 à 5 min.
Egoutter, saler, poivrer, et incorporer le beurre fondu, l'huile d'olive ainsi que le cerfeuil ciselé avant de servir bien chaud.

Le petit plus
Préparer des tagliatelles de carottes et de céleri-rave selon le même principe... pour l'harmonie des couleurs !

Compotée de courgettes

Pour 4 personnes

Préparation : 10 min

Cuisson : 25 min

Ingrédients

4 courgettes
grains de coriandre
huile d'olive
sel et poivre

Couper les courgettes en gros morceaux et les déposer dans une sauteuse.
Couvrir d'eau, ajouter les grains de coriandre écrasés et 3 cuillères d'huile.
Saler, poivrer.
Faire cuire 20 min ; égoutter les courgettes et les remettre à dessécher sur feu vif pendant quelques minutes.
Ajouter au besoin un peu d'huile d'olive avant de servir.

Ratatouille

Pour 6 personnes

Préparation : 30 min

Cuisson : au moins 2 h

Ingrédients

1 kg de courgettes
800 g d'aubergines
700 g de tomates
1 ou 2 poivrons
100 g d'oignons
1 gousse d'ail
thym, laurier
huile d'olive
sel et poivre

Laver les courgettes et les aubergines sans les éplucher.
Laver et ébouillanter les tomates avant de les peler.
Faire griller les poivrons sous le gril du four et les éplucher afin de les rendre plus digestes.
Couper tous les légumes en morceaux.
Dans une cocotte, faire chauffer l'huile d'olive puis faire revenir l'oignon émincé ; retirer et procéder de même avec tous les légumes, séparément.
Remettre les légumes dans la cocotte, saler, poivrer, ajouter l'ail écrasé, une feuille de laurier et le thym émietté.
Laisser mijoter à tout petit feu pendant 2 h en remuant fréquemment.
La ratatouille est prête lorsque les légumes sont presque réduits en purée.

Le petit plus

Ce plat est encore meilleur réchauffé.
Vous pouvez également servir cette ratatouille bien froide, en entrée.

Flan de courgettes aux oignons

Pour 4 personnes

Préparation : 20 min

Cuisson : 50 min

Ingrédients

800 g de courgettes
4 oignons
2 œufs
4 dl de lait
2 cuillères de farine
1 filet d'huile d'olive
50 g de fromage rapé
muscade
sel et poivre

Faire revenir les oignons émincés et les courgettes en rondelles dans une sauteuse huilée.
Laisser mijoter pendant 20 min.
Egoutter et disposer dans un plat à gratin.
Battre les œufs et le lait, en ajoutant la farine. Ajouter une pointe de muscade et verser sur les courgettes.
Parsemer de fromage râpé et faire cuire 30 min au four, thermostat 180°C.

Gratin de courgettes et tomates

Pour 6 personnes

Préparation : 20 min

Cuisson : 30 min

Ingrédients

4 courgettes
4 tomates
5 œufs
3 cuillères de crème
10 cl de lait
1 gousse d'ail
1 branche de thym
1 pincée de muscade
huile d'olive
sel et poivre

Couper les courgettes en rondelles.
Ebouillanter les tomates avant de les peler et de les couper en morceaux.
Dans un plat à four beurré, disposer les tomates et les courgettes, et ajouter l'ail écrasé.
Dans un saladier, battre les œufs avec le lait et la crème. Saler, poivrer, ajouter la pincée de muscade et le thym émietté.
Verser sur les légumes et faire cuire au four, thermostat 180°C, pendant 30 min.

Gratin de courgettes et pommes de terre à la cancoillotte

Pour 4 personnes

Préparation : 20 min

Cuisson : 45 min

Ingrédients

4 courgettes
4 pommes de terre
1 gousse d'ail
1 oignon
persil
4 cuillères de cancoillotte
huile d'olive
sel et poivre
graines de sésame

Couper les courgettes et les pommes de terre en rondelles.
Dans un plat à four huilé, disposer les pommes de terre et les courgettes.
Ajouter l'oignon émincé, l'ail écrasé et le persil ciselé.
Ajouter quelques graines de sésame, et arroser d'huile d'olive.
Faire cuire au four, thermostat 180°C, pendant 40 à 45 min. 10 min avant la fin de la cuisson, incorporer la cancoillotte.
Déguster à la sortie du four.

Palets de courgettes

Pour 4 personnes

Préparation : 15 min

Cuisson : 35 min

Ingrédients

4 courgettes
1 oignon
2 œufs
100 g de parmesan ou gruyère râpé
persil
farine
chapelure
huile d'olive
sel et poivre

Couper les courgettes en rondelles, les faire cuire 5 min à la vapeur, les réduire en purée puis les faire dessécher sur feu doux pour retirer toute l'eau.
Hacher l'oignon et l'ajouter à la purée de courgettes.
Incorporer les œufs, le fromage râpé, saler et poivrer.
Former des petits palets, les passer dans la farine et la chapelure.
Faire chauffer l'huile d'olive dans une poêle et faire dorer les palets quelques minutes en les retournant.
Parsemer de persil, égoutter et servir bien chaud.

Gratin de courgettes et quinoa

Pour 4 personnes

Préparation : 20 min

Cuisson : 35 min

Ingrédients

4 courgettes
4 tomates
200 g de quinoa
1 œuf
1 oignon
parmesan ou gruyère râpé
huile d'olive
sel et poivre

Quelques explications...
Le quinoa est une céréale cultivée en Amérique du Sud. Cette plante traditionnelle constituait la base de l'alimentation des Incas... d'où son surnom de " riz des Incas ".
Vous le trouverez aisément dans les magasins " bio ".
C'est une variante au riz originale et savoureuse.

Mettre le quinoa dans une casserole et recouvrir d'eau froide (environ deux fois le volume de quinoa).
Porter à ébullition, saler et faire cuire doucement 10 min. Egoutter.
Couper les courgettes en rondelles.
Ebouillanter les tomates avant de les peler et de les couper en morceaux.
Faire chauffer l'huile d'olive dans une poêle et y faire revenir l'oignon émincé. Ajouter les courgettes et les tomates et faire mijoter pendant 10 à 15 min.
Verser le quinoa dans la poêle, ajouter un œuf battu.
Verser la préparation dans un plat à four beurré.
Parsemer de fromage râpé, disposer les tomates et les courgettes, et faire gratiner au four, thermostat 210°C, pendant 15 min environ.

Poêlée de courgettes aux épices

Pour 4 personnes

Préparation : 15 min

Cuisson : 20 min

Ingrédients

800 g de courgettes
150 g de raisins secs
1 oignon
3 étoiles de badiane
3 graines de cardamome
3 cuillères de miel
huile d'olive
sel et poivre

Faire tremper les raisins, les étoiles de badiane et la cardamome dans de l'eau tiède.
Couper les courgettes en rondelles.
Faire chauffer l'huile d'olive dans une poêle et y faire rissoler l'oignon émincé.
Ajouter les courgettes et faire cuire pendant 5 min. Saler et poivrer.
Egoutter les raisins et les épices et les incorporer aux légumes. Ajouter le miel, bien mélanger et faire cuire à feu moyen pendant 15 à 20 min.

Tour de main
Ajouter un peu d'eau de trempage des épices si les légumes accrochent dans la poêle.

Clafoutis aux courgettes et au chèvre

Pour 4 personnes

Préparation : 30 min

Cuisson : 45 min

Ingrédients

700 g de courgettes
1 oignon
1 gousse d'ail
100 g de fromage de chèvre frais
3 œufs
15 cl de lait
huile d'olive
25 g de maïzena
sel et poivre

Couper les courgettes en rondelles.
Faire chauffer un peu d'huile d'olive dans une poêle et y faire revenir les courgettes et l'oignon. Ajouter l'ail écrasé et laisser cuire 10 min. Saler et poivrer.
Délayer la maïzena avec un peu de lait. Battre les œufs ; incorporer la maïzena, le lait puis le fromage de chèvre émietté.
Répartir les courgettes dans un plat à four puis étaler la préparation aux œufs et au fromage.
Faire cuire 35 à 40 min à four chaud (200°C).

Variantes

Ajouter 2 ou 3 tomates épluchées et coupées en morceaux à la préparation aux courgettes.
Incorporer des olives noires coupées en petits morceaux.
Ajouter quelques fines tranches de jambon de Bayonne avant d'enfourner le plat.

Tagliatelles aux courgettes

Pour 4 personnes

Préparation : 30 min

Cuisson : 5 min

Ingrédients

4 courgettes
400 g de pâtes fraîches
15 feuilles de basilic
1 gousse d'ail
40 g de parmesan
25 g de pignons de pin
huile d'olive
sel et poivre

Eplucher les courgettes en larges lanières à l'aide d'un épluche-légumes.
Faire griller les pignons de pin à sec.
Ecraser l'ail et hacher les feuilles de basilic.
Couper le parmesan en copeaux.
Porter une grande quantité d'eau salée à ébullition, y plonger les pâtes fraîches et faire cuire pendant 1 min.
Ajouter alors les lanières de courgettes et poursuivre la cuisson pendant 2 à 3 min.
Egoutter et verser dans le plat de service.
Saler, poivrer, ajouter les pignons de pin, l'ail écrasé, le basilic et un filet d'huile d'olive.
Servir aussitôt.

Courgettes à la mozzarella et au parmesan

Pour 4 personnes

Préparation : 25 min

Cuisson : 20 min

Ingrédients

6 courgettes moyennes
100 g de mozzarella
100 g de parmesan
1 tranche de jambon fumé
sel et poivre

Couper les courgettes en rondelles très fines et faire cuire 2 min à la vapeur.
Beurrer un plat à four et disposer les légumes. Parsemer de morceaux de mozzarella et de jambon.
Saupoudrer de parmesan râpé ; saler, poivrer et faire cuire 20 min à four chaud (200°C).
Servir bien chaud.

Gratin de courgettes aux flocons d'avoine

Pour 4 personnes

Préparation : 20 min

Cuisson : 35 min

Ingrédients

800 g de courgettes
50 g de parmesan ou gruyère
20 g de poudre d'amande
50 g de flocons d'avoine
15 cl de crème
10 cl de lait
1 cuillère de maïzena
1 pincée de muscade
sel et poivre

Couper les courgettes en rondelles et les faire cuire 5 min à la vapeur.
Dans une casserole, délayer la maïzena avec le lait. Ajouter la crème et porter doucement à ébullition sans cesser de tourner. Faire cuire quelques instants.
Saler, poivrer, ajouter une pincée de muscade puis la moitié du fromage râpé. Bien mélanger.
Déposer les rondelles de courgette dans un plat à four et recouvrir avec la sauce.
Parsemer de poudre d'amande et de flocons d'avoine. Saupoudrer avec le reste du fromage.
Faire gratiner 30 min à four chaud (200°C).
Servir dès la sortie du four.

Gratin de courgettes et tomates

Pour 4 personnes

Préparation : 20 min

Cuisson : 20 min

Ingrédients

6 courgettes moyennes
3 tomates
1 gousse d'ail
1 oignon
50 g de parmesan ou gruyère
chapelure
huile d'olive
sel et poivre

Couper les courgettes en rondelles.
Laver, éplucher et épépiner les tomates.
Faire chauffer un peu d'huile d'olive dans une poêle et y faire revenir l'oignon émincé avec les courgettes.
Ajouter les tomates en morceaux et l'ail écrasé.
Saler, poivrer et faire cuire à feu doux pendant quelques minutes.
Déposer les légumes dans un plat à gratin.
Saupoudrer de fromage râpé puis de chapelure.
Enfourner et faire gratiner 10 min à four chaud.

Gâteau de courgettes

Pour 4 personnes

Préparation : 20 min

Cuisson : 35 min

Ingrédients

750 g de courgettes
1/4 de litre de lait
1/4 de litre d'eau
2 œufs
muscade
50 g de gruyère râpé
1 cuillère de maïzena
sel et poivre

Laver et râper les courgettes.
Faire chauffer le lait et l'eau et y plonger les courgettes ainsi que la muscade, le sel et le poivre.
Ajouter la fécule délayée préalablement dans un peu de lait froid, puis faire épaissir sur feu doux.
Incorporer les œufs battus et bien mélanger.
Verser cette préparation dans un plat à gratin ; parsemer de gruyère râpé et faire cuire 20 à 30 min au four, thermostat 180°C.
Servir bien chaud.

Courgettes aux oignons

Pour 4 personnes

Préparation : 15 min

Cuisson : 30 min

Ingrédients

5 courgettes
3 oignons
1 gousse d'ail
1 cuillère de cumin
huile d'olive
sel et poivre

Couper les courgettes en rondelles.
Peler et émincer les oignons et l'ail.
Faire revenir tous les légumes dans un peu d'huile d'olive.
Ajouter le cumin, poivrer.
Faire cuire pendant 20 à 30 min à feu doux.

Courgettes au boulghour

Pour 4 personnes

Préparation : 20 min

Cuisson : 30 min

Ingrédients

600 g de courgettes
1 verre de boulghour
100 g de fromage blanc
1 gousse d'ail
1 branche de thym
huile d'olive
3 œufs
sel et poivre

Couper les courgettes en gros morceaux et les faire revenir dans une sauteuse huilée.
Ajouter l'ail écrasé, le thym, saler, poivrer et laisser cuire 15 min.
Faire cuire le boulghour dans de l'eau bouillante salée. Egoutter.
Dans un saladier, battre les œufs avec le fromage blanc.
Bien mélanger avec les courgettes et le boulghour.
Verser dans un plat à four huilé et faire gratiner 15 à 20 min à 180°C.

Desserts

Cake aux courgettes

Pour 4 à 6 personnes

Préparation : 30 min

Cuisson : 45 min

Ingrédients

- 400 g de courgettes
- 4 œufs
- 150 g de farine
- 1/2 sachet de levure
- 1 sachet de sucre vanillé
- 100 g de sucre
- 50 g de pignons de pin
- 100 g de beurre
- 100 g de fromage blanc

Râper les courgettes lavées et essuyées.

Battre les œufs avec le sucre jusqu'à ce que le mélange blanchisse.

Ajouter le beurre fondu et le fromage blanc, le sucre et le sucre vanillé.

Incorporer peu à peu la farine et la levure et bien mélanger. Ajouter une pincée de sel.

Ajouter alors les courgettes et les pignons de pin grillés à sec.

Verser dans un moule à cake et faire cuire au four, thermostat 180°C, pendant 40 à 45 min.

Servir tiède ou froid.

Flan de courgettes

Pour 4 personnes

Préparation : 30 min

Cuisson : 40 à 45 min

Ingrédients

- 2 courgettes moyennes
- 3 œufs
- 1/2 verre de farine
- 1/2 verre de lait
- 1/2 verre de sucre en poudre
- 1 sachet de sucre vanillé
- 1/2 sachet de levure
- 30 g de beurre

Dans une terrine, verser la farine et la levure.

Faire un puits et ajouter le sucre vanillé, le sucre, les œufs, le lait et le beurre fondu.

Bien mélanger le tout.

Couper les courgettes en rondelles et les faire cuire 5 min dans de l'eau bouillante.

Bien égoutter avant de mixer.

Ajouter les courgettes à la préparation aux œufs et faire cuire au four, thermostat 180°C, pendant 45 min à 1 h.

Gâteau aux courgettes et aux noisettes

Pour 4 à 6 personnes

Préparation : 30 min

Cuisson :30 à 40 min

Ingrédients

250 g de courgettes
3 œufs
100 g de farine
30 g de maïzena
1 cuillère de cassonade
50 g de raisins secs
40 g de noisettes en poudre
20 g de noix hachées
1/2 sachet de levure
1 sachet de sucre vanillé
50 g de miel
100 g de sucre
1 zeste de citron
5 cl d'huile
100 g de fromage blanc
1 pincée de bicarbonate
1 cuillerée à café de cannelle
1 cuillerée à café de muscade

Faire tremper les raisins dans de l'eau tiède.
Beurrer un moule à manqué et parsemer le fond et les bords de cassonade et de noisettes en poudre.
Laver et bien sécher les courgettes avant de les râper.
Dans une terrine, battre les œufs avec le miel et le sachet de sucre vanillé.
Incorporer l'huile, le fromage blanc et une pincée de sel.
Incorporer le reste des noisettes et les noix hachées, les raisins égouttés, les épices, puis le zeste de citron et les courgettes. Verser petit à petit la farine, la levure, la maïzena et le bicarbonate. Bien mélanger pour obtenir une préparation homogène.
Verser dans le moule et faire cuire 30 à 40 min au four, thermostat 160°C.
Déguster tiède, accompagné d'une tasse de thé.

Marmelade de courgettes

Préparation : 20 min

Cuisson : 15 min

Ingrédients

700 g de courgettes
300 g de pommes
800 g de sucre
4 citrons
1 gousse de vanille
quelques raisins secs

Laver et éplucher les courgettes et les pommes et les découper en lamelles.

Prélever les zestes sur les citrons.

Dans une terrine, disposer les courgettes, les pommes, les zestes et le sucre. Ajouter les raisins secs puis les graines de la gousse de vanille et bien mélanger.

Recouvrir d'un papier aluminium et laisser au frais pendant toute une nuit.

Le lendemain, faire bouillir la préparation et laisser cuire 15 min à petit feu avant de mettre en pot.

Confiture de courgette

Préparation : 20 min

Cuisson : 25 min

Ingrédients

300 g de courgettes
300 g de pommes
400 g de sucre à confiture
250 g d'eau
eau de vie de mirabelle

Laver les fruits et les légumes et les couper très finement.

Porter l'eau et le sucre à ébullition ; ajouter les fruits.

Compter 10 à 15 min de cuisson après ébullition.

Le petit plus

Avant la mise en pot, ajouter une petit verre d'alcool de mirabelle pour parfumer la confiture.

Courgettes sucrées salées

Préparation : 10 min

Cuisson : 30 min

Ingrédients

500 g de courgettes
1 citron
1/4 de litre d'eau
75 g de sucre
1 cuillerée à café de cannelle
1 cuillerée à café de gingembre

Eplucher les courgettes et les couper en gros quartiers.
Faire bouillir l'eau avec le zeste de citron râpé ainsi que le jus, y plonger les courgettes et ajouter les épices et le sucre.
Laisser cuire 30 min à feu moyen.
Servir bien frais.

Depôt légal mai 2004
pour la quatrième édition
Imprimé en Italie
par C. Canale & C. S.p.A. - Borgo S. Dalmazzo (CN)